AF317953

PROJET

DE

STATUTS POUR UNE ASSOCIATION

DES

ARTISTES MUSICIENS

PAR

AUG. WACQUEZ

PRÉCÉDÉ DE

RÉFLEXIONS SUR LA SITUATION ACTUELLE

PAR

HENRI VERLEY

ET SUIVI D'UN

APPEL A TOUS LES ARTISTES

PAR

MM. ARMINGAUD, AUMONT, BAUMANN Fils, BÉROU, COLLIGNON, DAMOREAU-CINTI, FAUCHEUX, LALO, LAVAINNE, MASSÉ, MEMBRÉE, PAQUIS, POISOT, VERLEY.

Chacun pour tous.
Tous pour chacun.
A chacun selon ses œuvres.

PRIX : 75 CENTIMES.

PARIS

CHEZ TOUS LES MARCHANDS DE NOUVEAUTÉS.

JUIN 1848.

Au moment où tous les déshérités de la société réclament leur juste part de travail et de récompense, c'est-à-dire leur juste part d'existence, — au moment où tous ceux qui manient la pioche et le rabot ont enfin l'espoir de voir la société nouvelle faire droit à leurs réclamations,—nous, qui nous sommes voués aux travaux de l'intelligence, n'aurions-nous rien à réclamer, rien à espérer de cette époque de régénération ? N'y a-t-il de travailleur que sous la blouse ? N'y a-t-il que sous la blouse des hommes à relever à leurs propres yeux, ainsi qu'aux yeux de la nation ? En un mot, l'homme qui s'est voué au culte de l'art, jouit-il aujourd'hui du libre exercice de ses droits, jouit-il même du libre exercice de ses facultés, et l'Etat ne devrait-il rien au travailleur de la pensée ?

Tous, depuis longtemps, nous ne sommes que trop pénétrés de douleur ou de dégoût en présence du déplorable état de décadence dans lequel l'art est précipité de jour en jour. Tous, depuis longtemps, nous ne souffrons que trop d'une situation qu'il ne faut pas craindre de nommer abjecte, tant elle est au-dessous du rang qui nous est dû. L'art n'est plus qu'un commerce ; l'œuvre d'art n'est plus qu'une marchandise qu'on taxe non d'après sa valeur réelle, mais d'après son débit probable. Les patrons de l'art et de l'artiste sont des trafiquants, plus soucieux de la prospérité de leur boutique que du progrès de l'art et de l'éducation nationale. Les juges que nous sommes forcés d'accepter n'ont confiance ni dans ce que le véritable artiste peut produire encore, ni dans ce que le public, abandonné à son propre sentiment, saurait encore apprécier.

Il serait trop long, peut-être même impossible, d'énumérer les mille causes qui ont simultanément contribué à nous faire descendre si bas. Cependant nous ne pouvons nous dispenser d'en indiquer quelques-unes.

Dans notre pays centralisé il n'y a plus de réputation possible sans la sanction de Paris. Tout ce qui cherche un nom est donc forcé d'affluer à Paris, car c'est à Paris seulement qu'un nom peut se produire. Paris est le théâtre de la France : dès qu'un acteur n'est plus en scène, il est aussitôt oublié pour celui qui lui succède. Aussi celui qui parvient à prendre pied sur cette scène tâche de s'y maintenir à tout prix ; car, au prix de sa réputation si désirée, si péniblement acquise, il faut qu'il fixe constamment sur lui les regards de la foule. En d'autres termes, l'artiste parvenu est le premier obstacle contre lequel l'artiste qui veut parvenir vient se briser. — Tel est le premier résultat de la centralisation.

Au milieu de cette affluence de toutes les forces sur un seul point, au milieu de cette hostilité de tous contre tous, il faut dix ans de lutte pour s créer une réputation. — Dix ans ! les dix plus belles années de la vie d'artiste, les années de jeunesse, d'enthousiasme, d'originalité ! Heureux encore celui qui après dix ans réussit selon son mérite ! Heureux celui qui n'y perd pas vingt ans, qui n'y perd pas toute sa vie !

Et encore, qu'après dix années de déboires un artiste parvienne à voir son œuvre acceptée par le public, qu'il jouisse enfin d'un de ces rares triomphes comme Paris seul en peut décerner, aussitôt il se voit condamné par le public, et souvent se condamne lui-même à exploiter le mérite particulier à la faveur duquel il a pu réussir. Tel artiste nous aura plu par le cachet de vague rêverie, de douce mélancolie qu'il aura su imprimer à ses premières mélodies, aussitôt nous le condamnons à être toujours aussi rêveur, toujours aussi mélancolique. Peut-être a-t-il en lui le pouvoir de faire vibrer les cordes gaies ou sérieuses de notre âme ; mais, dès qu'il veut l'essayer, nous ne le reconnaissons plus, nous ne savons plus l'apprécier. Ainsi, ce qui devrait être, au contraire, un mérite de plus : la diversité dans les œuvres, la variété dans le talent, vient tout d'abord se heurter contre une prévention si aveugle, si opiniâtre, qu'il est souvent impossible de la vaincre ; et nous pourrions citer ici l'exemple, encore récent, d'un artiste qui, inconnu la veille, fut un héros le lendemain, et qui, le surlendemain, échoua victime de son premier succès.

Mais, qu'est-il besoin de citer un exemple entre mille ? Ne voyons-nous pas, chaque jour, condamner une seconde œuvre, moins parce qu'elle est mauvaise que parce qu'elle ne ressemble pas à la première ! Que doit faire alors l'artiste ? il veut plaire, il a besoin de ces succès qui le consolent des peines passées ; il s'attache donc à développer, à l'exclusion de toutes les autres, les qualités par lesquelles il a plu d'abord, et enfin en arrive à à exploiter une spécialité ! Aussi, pour l'artiste la réussite n'est que trop souvent le signal de la ruine, et, du moment où il obtient la faveur du public, il n'est que trop souvent perdu pour l'art.

Ce que nous signalons ici pour l'artiste, nous le retrouvons sur une plus grande échelle dans l'art même. De même que l'artiste est forcé de négliger et de perdre certaines qualités qui sont le complément naturel de son talent, dans l'art, nous abandonnons peu à peu tel genre d'œuvre pour ne cultiver exclusivement que tel autre, et il va sans dire que les genres que nous abandonnons sont précisément les plus sérieux, ceux où l'art pourrait déployer sa plus grande puissance. Ne parlez plus, aujourd'hui, de messe ni de symphonie ; la romance est l'œuvre du jour, tous nos transports sont pour la chansonnette. Ne parlez plus d'un concert dont Beethoven et Gluck feraient les frais ; nous sommes devenus sourds aux profonds accents de Beethoven, et, quant à Gluck, nous ne le connaissons pas.

Ce malheureux penchant de notre esprit à circonscrire le domaine de l'art dans la limite de telle ou telle œuvre une fois adoptée, à centraliser toutes les facultés de l'artiste dans une spécialité révélée par sa première œuvre : voilà ce que nos éditeurs n'ont su que trop bien exploiter. L'artiste, aujourd'hui, est dans les mains des marchands, des entrepreneurs ; il suit la pente fatale vers laquelle il est entraîné par la cupidité ; s'il travaille en vue de l'art, il ne lui est plus possible d'aborder l'éditeur. Ce Mécène moderne n'entreprend rien qu'en vue du succès matériel, et pour lui, les succès passés sont les seuls gages des succès futurs. Peu lui importe l'œuvre que l'artiste pourrait présenter ? il lui faut, avant tout, un nom qui vaille son pesant d'or. D'ailleurs, n'a-t-il pas son journal ? ne sommes-nous pas à l'âge d'or de la réclame ? Rien ne lui coûte lorsqu'il s'agit d'exalter le mérite d'un nom ou d'une chansonnette ! Quel intérêt a-t-il à former le goût du public auquel il s'adresse ? pourvu qu'il l'attire à sa boutique, n'a-t-il pas atteint son but ? Certes, mieux vaut mettre tout Lafontaine en chansons qu'éditer une seule œuvre d'art ; aujourd'hui, *Viv' le roi* est l'œuvre suprême de la musique !

C'est pitié de voir que d'un nom, d'un nom et d'une réclame, dépendent le succès et la réputation d'une œuvre. Combien d'hommes de génie passés inaperçus auraient doté l'art de productions sublimes, s'ils avaient été soutenus dans leur noble et aride carrière ! Mais non, l'artiste, dont les travaux et les études ont souvent épuisé toutes les ressources, ne peut employer, pour se faire connaître, les incroyables moyens de publicité auxquels les trafiqueurs ont habitué le public. Le journal, voilà la grande âme artistique de notre temps ; c'est dans le journal que réside le mérite de toutes les œuvres, de tous les noms.

C'est dans le journal qu'on trouve la source de tous les succès ; c'est par lui qu'on les alimente, par lui qu'on soutient les succès les plus faux, les plus absurdes. Il ne faudrait pas chercher longtemps pour trouver de ces œuvres grandes et petites, de la romance à l'opéra, que la réclame a su faire admettre comme chefs-d'œuvre ; pour trouver de ces noms, soit de chanteurs, soit de compositeurs, auxquels la réclame a décerné plus de lauriers que Beethoven et Malibran n'en ont jamais recueillis. Faut-il s'indigner ou faut-il rire, lorsqu'on voit ainsi chaque journal faire accepter par acclamation des œuvres qui demain tomberont sous le poids de leur médiocrité, ou même de leur trivialité ? Faut-il s'indigner, faut-il rire, lorsqu'on voit un public dont on veut exploiter la bourse, mais non développer l'imagination, accepter aussi bénévolement tout ce qu'il entend vanter par là banque musicale, et croire de bonne foi qu'il fait preuve de goût, lorsqu'il n'est que l'écho et tout à la fois la dupe de la réclame ?

Cependant, si éclatants que soient les succès qu'improvise la réclame, si séduisantes que soient les modes factices qu'elle crée, rien de tout cela ne peut durer, et elle-même, par son abus, use les choses qui d'abord ont le plus ébloui, épuise les talents qui d'abord ont fait le plus espérer. Bientôt la satiété nous prend, et tout-à-coup nous sommes tout surpris de ne plus éprouver qu'ennui, dégoût même, à propos des choses qui nous avaient le plus enthousiasmés.

C'est ainsi que peu à peu l'art est tombé dans les mains de ceux qui n'y voient qu'une branche spéciale de commerce ; c'est ainsi que peu à peu des artistes même ont conclu un pacte avec les trafiqueurs ; c'est ainsi que, reconnaissant sur quelles circonstances étrangères et pernicieuses à l'art leur réputation se base, ils se prêtent les premiers à ce commerce dont les éditeurs connaissent si bien tous les ressorts, et les premiers veillent à ce que nul véritable artiste ne vienne par sa seule présence dissiper le faux éclat dont ils sont entourés.

Voilà comment ceux, pour qui l'art est encore un culte, se voient aujourd'hui repoussés par des..... éditeurs qui ne les comprennent pas, ne veulent pas les comprendre, et qui cependant doivent leur opulence à l'art et à l'artiste.

Le culte de l'art ! est-ce un mot qu'on ose encore prononcer de nos jours ? Pourquoi pas ? Prenez le premier journal, chaque ligne y respire la dévotion de l'art ; la réclame n'est que l'oraison dominicale de ce culte sublime, au nom duquel se fait tout le trafic.

Cependant, ne nous laissons pas abuser. L'art, même de nos jours, a encore un culte sincère. Cherchez dans le fond de nos provinces, cherchez dans les mansardes de Paris, cherchez partout où vous verrez des jeunes gens repoussés par les éditeurs et les théâtres, et vous trouverez de ces artistes pleins de foi qui travaillent encore en vue de l'œuvre et non du succès de salons ou de journaux. Fatigués, blasés de tous ces chefs-d'œuvre artificiels qu'étale le vitrage du marchand, vous demandez des œuvres nouvelles, des artistes nouveaux ; vous demandez si l'art ne produit plus de ces œuvres qui ne vieillissent jamais, n'inspire plus de ces hommes qui sont l'honneur d'un pays : — cherchez parmi ces jeunes artistes repoussés et certainement vous en trouverez. N'attendez pas qu'ils perdent une à une les douces et saintes illusions qui les soutiennent dans leur noble carrière ; n'attendez pas que leur inspiration s'éteigne ; n'attendez pas qu'abreuvés de dégoût, désespérant de l'avenir et forcés par la misère, ils descendent de la sphère de leur idéal pour prendre les sentiers boueux qui mènent à la boutique de l'éditeur.

Le temps est arrivé où chacun doit occuper la place qu'il mérite, où le succès d'une œuvre ne doit pas dépendre du seul nom de l'auteur et du patronnage d'un journal. Le temps est arrivé où le champ de l'art doit ses fruits à tous ceux qui savent le cultiver ; où les artistes parvenus, s'ils sont réellement artistes, doivent aide et assistance à tous ceux qu'anime l'amour sincère de l'art, et que les circonstances actuelles retiennent dans l'impuissance et l'obscurité. Songez que les destinées de la musique dépendent aujourd'hui d'une coterie d'éditeurs, — de quinze, vingt polypes étalés sur l'art et suçant le sang de milliers d'artistes.

Il faut en finir avec ces honteuses spéculations, il faut sauver l'art, il faut affranchir l'artiste, il faut enfin fonder notre République. N'ayant rien à attendre de ceux qui non-seulement nous exploitent, mais nous empêchent même de nous produire, reconnaissons que nous ne pouvons combattre la routine et ses pratiques que par notre union, par notre foi dans les principes de fraternité et de solidarité. A cette époque où tout travaille à reconquérir sa liberté d'action, à recueillir le fruit de ses labeurs, nous avons le droit d'espérer que le pays nous soutiendra dans la lutte que nous engageons ; mais, quoi qu'il doive faire pour nous, n'oublions plus ce précepte si sage : *Aide-toi, le ciel t'aidera !*

Unis dans l'art et pour l'art, ne cherchons plus rien auprès de ceux qui nous repoussent, retirons-nous de l'ornière où les éditeurs ne peuvent que nous embourber de plus en plus ; laissons-leur cette ravissante musique qu'ils croient seule digne de leurs sacrifices ; laissons-leur ces délicieuses bonbonnières de salons, ces spirituelles chansonnettes pour le Château-des-Fleurs, ces enivrants quadrilles pour Mabille et le Château-Rouge ; et nous, sans empiéter sur leurs droits si justement acquis, si dignement exercés, *ramassons* ces œuvres qu'ils dédaignent, et voyons s'il n'y a rien qui vaille dans leur rebut.

Henri VERLEY.

21 mars 1848.

PROJET DE STATUTS

ASSOCIATION DES ARTISTES MUSICIENS.

CHAPITRE Ier.

§ I. *Formation, esprit et but de l'Association.*

1. Les artistes musiciens de France se constituent en Association nationale démocratique dans le but d'exécuter eux-mêmes ou de faire exécuter, puis d'éditer toute œuvre musicale qu'un jury, institué par voie d'élection générale et directe, reconnaîtra réellement digne de l'art.

2. Comme base et comme règle de leur Association, ils adoptent les principes républicains rigoureusement maintenus.

3. Par leur plan d'organisation, ils ont en vue de concilier le progrès de l'art et la dignité nationale avec leurs intérêts matériels, jusqu'ici méconnus. Mus par l'amour de l'art d'une part, et de l'autre par le désir et le besoin de s'entr'aider, — se considérant, en outre, comme appelés à concourir dans la mesure de leur art et de leurs talents à l'éducation de leurs compatriotes ; — et certains enfin de donner un bon exemple d'organisation républicaine du travail : — ils comptent sur le concours de l'Etat.

4. Confiants dans l'avenir de leur Association, ils ne réclament ce concours que pour leurs premiers pas ; mais, quelles que soient la valeur et la nature des secours qu'on leur accordera, ils désirent rester entièrement indépendants dans l'exercice de leur Association, s'engageant, du reste, à rendre à l'Etat tous les comptes que celui-ci aura le droit d'exiger.

§ II. *Motifs d'une pétition à l'Etat.*

5. *Chacun pour tous, tous pour chacun :* en vertu de ce principe premier de toute association républicaine, l'Association des artistes musiciens ne doit pas et ne peut pas poser à ses membres de condition première qui serait de nature à exclure tels artistes incapables de la remplir, et qui cependant, comme artistes, auraient tous droits à jouir des bénéfices de l'Association.

6. L'Association est avant tout artistique : la condition première ne peut donc être cherchée en dehors de l'art ; — elle est ensuite démocratique : la condition première doit donc pouvoir être remplie par tous les artistes.

7. En conséquence, la condition première ne peut être une cotisation, quel qu'en soit le taux ni le mode. 1° Calculée au minimum, qui la rendrait possible au moins à la majorité des artistes, elle ne pourrait fournir le premier fonds social nécessaire. — 2° Calculée au maximum, elle exclurait la majorité des artistes. — 3° Facultative enfin, elle serait, bien que fraternelle, contraire au véritable esprit d'égalité et de liberté, en ce qu'elle établirait nécessairement des distinctions entre les associés, et tendrait, en outre, à entraver l'exercice de l'Association.

8. Toute première mise de fonds facultative, de quelque source qu'elle vînt, aurait immédiatement des conséquences fâcheuses pour l'esprit artistique de l'Association, attendu qu'il faudrait, selon toute équité, accorder aux actionnaires une prépondérance relative proportionnée à leur mise de fonds, — c'est-à-dire à une qualité étrangère à l'art, — et que si ces actionnaires devaient, en outre, être cherchés ailleurs que parmi les artistes, — par exemple, parmi les capitalistes, — ceux-ci imposeraient nécessairement à l'Association une direction mercantile.

9. C'est en vertu de ces considérations que l'Association, dans le but d'être aussi nationale qu'artistique et démocratique, a résolu de ne rechercher que l'appui de l'Etat, attendu que l'Etat seul peut, en lui prêtant son concours, lui garantir toute liberté.

§ III. *Dotation par l'Etat.*

10. Les artistes musiciens demandent d'abord une somme qui, sur l'exposé des besoins de l'Association, révélés par le présent mode d'organisation, sera ultérieurement fixée par une commission nommée moitié par l'Etat, moitié par les artistes, puis allouée une fois pour toutes à titre de dotation définitive et de secours national aux artistes musiciens.

11. Ils demandent, en outre, que l'Etat leur accorde la jouissance d'un local convenable dans lequel ils pourront réunir leurs bureaux d'administration et d'édition, et donner leurs concerts ; puis enfin leur reconnaisse le droit de faire représenter sur les théâtres nationaux subventionnés les œuvres que leur jury en aura jugées dignes.

§ IV. — *Dotation fraternelle des artistes.*

12. Quelque soit le chiffre de la dotation allouée par l'Etat, les artistes désirent sanctionner la fondation de leur Association par un don fraternel qui en assure l'avenir et la prospérité. Ne pouvant s'imposer de cotisation pécuniaire, ni fixe, ni facultative, — se croyant cependant obligés de satisfaire par des effets à ce désir et à ce besoin de s'entr'aider qui les porte à s'associer, — voulant enfin montrer dès leur début par quelles voies ils se croient appelés à atteindre, dans la mesure de leur art et de leurs talents, le but social qu'ils se sont posé : — les artistes musiciens s'engagent :

1° Les compositeurs, à abandonner en entier à l'Association, à titre d'œuvre de fondation, la propriété et le rapport de toute première œuvre admise et éditée par elle ; — 2° les exécutants, à donner de même au profit de l'Association les deux premiers concerts, et, dans la suite, un concert chaque année, le jour anniversaire de la fondation.

13. Le premier concert sera donné le jour même de la fondation. Il sera composé de morceaux choisis par le jury parmi les œuvres des grands compositeurs morts, et indiquera l'esprit dans lequel l'Association entreprend de marcher. — Le second sera exclusivement composé des premières œuvres admises, et dites œuvres de fondation. Il sera donné aussitôt que ces œuvres seront en nombre suffisant. — Le concert anniversaire sera composé dans le même esprit, en partie d'œuvres de grands maîtres morts, en partie d'œuvres de fondation, ces dernières toujours choisies parmi celles qui auront obtenu le plus de succès.

14. Par ces concerts, l'Association montrera comment elle entend se retremper constamment au contact de tout ce que l'art a produit de meilleur dans le passé ; jusqu'à quel point les artistes modernes se seront rapprochés des grands maîtres, et dans quelle mesure, en outre, ils auront concouru à l'éducation musicale de la nation, puisque c'est sur la sanction du public même que les œuvres modernes exécutées dans ces concerts seront successivement choisies.

Admettant maintenant que, dans la mesure qui vient d'être dite, l'État accorde son concours, — concours auquel est préalablement subordonnée la formation de l'Association, — voici selon quels principes et selon quel mode les artistes musiciens entendent s'associer et s'organiser.

§ V. — *Déclaration de principes.*

15. Conformément au principe qui a été exprimé plus haut : *Chacun pour tous et tous pour chacun ;* — conformément au devoir d'adopter et de suivre comme base et comme règle les principes républicains rigoureusement maintenus, l'Association des artistes musiciens déclare que sa devise est et sera :

A chacun selon ses œuvres.

16. Adhérer à ce principe est la condition première et unique tirée à la fois de la justice selon l'art, et de la justice selon toute société chrétienne, que l'Association croit pouvoir imposer à ses membres.

17. D'autre part, elle laisse à l'artiste toute **liberté**, quant à la production de l'œuvre. — Par les conditions auxquelles elle soumet la présentation des œuvres, leur examen et leur rétribution, elle garantit aux associés toute **égalité** entre eux, et toute équité entre le travail et le salaire. — Par les conditions auxquelles elle soumet toutes ses opérations, elle fait preuve de **fraternité**, lors même qu'elle doit rejeter une œuvre, comme lorsqu'elle fonde une caisse de secours pour les artistes malheureux.

18. L'Association s'engage à maintenir ces principes dans leur extrême rigueur ; mais elle ne le peut que si chaque associé s'engage de même à s'y soumettre individuellement. Ainsi, tout associé qui, méconnaissant le principe de la solidarité : *Chacun pour tous et tous pour chacun,* manque aux devoirs qu'il accepte par le seul fait de son entrée dans l'Association ; — tout associé qui, revêtu d'une fonction, enfreint la loi première : *A chacun selon ses œuvres,* renonce de lui-même aux bénéfices de l'Association, et est à jamais exclu de son sein.

§ VI. — *Plan sommaire de l'organisation.*

19. L'Association a un double but à la fois artistique et commercial. Elle doit donc avoir à sa tête deux conseils, l'un chargé de choisir parmi les œuvres qui auront été présentées, l'autre chargé d'exécuter les jugements qui auront été rendus.

20. Les sociétaires confient donc, d'une part, leurs intérêts, quant à l'art, à un jury choisi parmi eux, et nommé par l'élection générale et directe ; de l'autre, leurs intérêts matériels, à un comité d'administration nécessairement choisi en dehors d'eux, mais également nommé par l'élection.

21. Il faut maintenant se représenter la société en action, afin de trouver aussi strictement que possible quelles doivent être la constitution de ces deux conseils, leurs attributions en général, et les attributions de chaque membre en particulier.

CHAPITRE II.

DE L'ASSOCIATION EN GÉNÉRAL.

§ VII. — *Des sociétaires en général.*

22. Sont admis à faire partie de l'Association : tous les artistes musiciens de profession, — tous les amateurs qui, à titre d'exécutants, sont attachés à une société philharmonique civile ou militaire, — tout amateur qui a déjà livré une composition musicale, — et tout artiste étranger professant ou résidant en France.

— Les femmes sont admises aux mêmes titres, et jouissent des mêmes droits, bien que ne les exerçant pas suivant le même mode. — Tout artiste ou amateur qui, soit comme compositeur, soit comme instrumentiste, participe aux bénéfices de l'Association, devient de fait sociétaire, et comme tel accepte les charges et les devoirs de l'Association.

23. L'adhésion aux principes et l'inscription suffisent pour conférer la qualité de sociétaire.

24. La qualité de sociétaire assure à tous également le droit de participer aux délibérations, le droit de voter dans les élections et dans toutes les mesures d'intérêt général, et de même le droit de contrôler les jugements.

25. On reconnaît dans l'Association une société centrale, des sociétés affiliées et des membres correspondants. — La société centrale siége à Paris. Elle est provisoirement seule exécutive. — Les sociétés affiliées siégent en province. On décidera ultérieurement si elles peuvent et doivent devenir exécutives, et dans quelle mesure. — Les membres correspondants sont les sociétaires dont le domicile est éloigné de plus d'une lieue du siége de la société centrale ou d'une société affiliée.

26. Un registre général déposé au siége de la société centrale contient, par ordre alphabétique, les noms de tous les membres, avec indication de leur profession musicale, de leur domicile, et de la société centrale ou affiliée dont ils font immédiatement partie.

§ VIII. — *Des œuvres musicales.*

27. Les œuvres musicales se divisent en musique théorique et musique pratique.

28. La musique théorique comprend les méthodes de chant, d'instrument et de composition, et tous les travaux ayant immédiatement trait à l'enseignement.

29. La musique pratique se divise en deux catégories, qui sont : 1° la musique de chambre ; 2° la musique d'orchestre.

30. La musique de chambre comprend tout morceau pour une ou plusieurs voix, un ou plusieurs instruments avec ou sans piano, — les morceaux pour concerts généralement désignés par le titre *études*, valses, galops, marches, etc., etc., et les compositions pour orgue seul.

31. La musique d'orchestre comprend le chœur, la cantate, l'oratorio, l'opéra, la messe, la symphonie, et en outre la musique militaire.

32. Les chansonnettes, quadrilles, polkas, et toute musique de contredanse, ne sont pas admis à l'examen. L'Association repousse également toute exploitation de thèmes empruntés par un compositeur à un autre.

§ IX. — *Du mode de présentation des œuvres.*

33. Sont admis à présenter leurs œuvres : tous les artistes sans distinction, même ceux qui ne font pas partie de l'Association.

34. L'Association demande à l'Etat de participer aux franchises de poste accordées à toutes les administrations nationales. — Dans tous les cas, pour la première année, elle ne supporte aucun frais de port. A partir de la seconde année, elle supporterait les frais de port, hormis ceux d'envois par la poste.

35. Toutes les œuvres seront accueillies aux mêmes titres, sans distinction d'école, et jugées sur leur seule valeur intrinsèque. En conséquence, elles seront présentées selon les formalités d'usage pour les concours, savoir : l'œuvre ne pourra être signée ; elle sera simplement désignée par une devise et accompagnée d'une lettre cachetée, renfermant le nom et l'adresse de l'auteur, et portant la devise sur la suscription (1).

36. Tout manuscrit doit être susceptible d'être tel quel livré à l'impression.

(1) Cette lettre contiendra, en outre, le titre complet que l'auteur désire donner à son œuvre, la dédicace, etc., etc.

37. Toute œuvre ostensiblement signée, ou même simplement revêtue d'un signe, quel qu'il puisse être, qui tendrait à en révéler l'auteur, — toute œuvre accompagnée d'une recommandation, même anonyme, qui tendrait à influencer le jury, sera rigoureusement refusée à l'examen et immédiatement renvoyée à son auteur, à ses risques et périls, par la voie la plus prompte et la plus directe. — Seront exclus de même tous les morceaux de chant dont les paroles encore inédites porteraient le nom du poëte ; seront encore exclues toutes les œuvres présentées par les auteurs en personne. — Pour ces mêmes raisons et pour ce motif encore que les artistes de province doivent jouir des mêmes droits que ceux résidant à Paris, que les artistes de Paris ne peuvent jouir d'un privilége auquel les artistes de province ne pourraient participer, aucun auteur ne sera admis, ni dans sa personne, ni dans celle d'un fondé de pouvoir, à exécuter, ni à diriger, ni même à surveiller l'exécution de l'œuvre qu'il présente à l'examen. — Seront encore exclues toutes les œuvres présentées par l'intermédiaire de personnes remplissant une fonction quelconque dans l'Association.

§ X. — *De l'enregistrement des manuscrits.*

38. Tous les manuscrits présentés selon les formalités prescrites sont immédiatement enregistrés selon leur ordre d'arrivée. Si plusieurs arrivent en même temps, la priorité appartient à celui qui vient de plus loin. Si plusieurs arrivent en même temps du même point ou de distances également éloignées, la priorité est déterminée par le sort.

39. L'enregistrement porte : 1° un numéro d'ordre : 2° l'indication sèche de l'œuvre ; 3° la devise ; et 4° la date de l'arrivée. — Le numéro d'enregistrement sera reproduit sur le manuscrit et sur la lettre à devise. — En outre, au moment de l'arrivée, l'administration appose sur le manuscrit et sur la lettre un timbre mobile indiquant la date. — Ces premières formalités étant remplies, les lettres à devises sont déposées au secret.

40. L'enregistrement se fera sur trois registres correspondant aux catégories admises dans les œuvres : 1° musique théorique, 2° musique de chambre, 3° musique d'orchestre.

§ XI. — *De l'examen des œuvres.*

41. L'examen des œuvres se fera invariablement selon leur ordre d'enregistrement, sans que, pour quelque raison que ce soit, on puisse jamais avoir égard ni à l'étendue, ni à la nature des œuvres.

42. L'examen a pour résultat un jugement qui sera de trois degrés : *Admission, Encouragement, Rejet.* — A cet effet, un double du registre primitif d'enregistrement contient une colonne propre à recevoir le terme qui résume le jugement.

43. Les jugements seront énoncés par les juges eux-mêmes sur une feuille volante disposée à cet effet, et qui devra reproduire exactement le numéro d'enregistrement, l'indication sèche de l'œuvre, et la devise. — Une quatrième colonne est réservée pour l'énoncé du jugement.

44. Pour l'admission le simple énoncé suffira. Pour l'encouragement et le rejet, le jugement sera motivé, soit collectivement au nom de tout le jury, soit individuellement par chaque juré, qui néanmoins ne signera pas.

45. La feuille ou les feuilles contenant le jugement, selon que ce jugement sera ou collectif ou individuel, et le manuscrit même, seront timbrés par le jury. Ce timbre résume le jugement : *Admission, Encouragement, Rejet.*

46. Les manuscrits, accompagnés du jugement, seront retournés à l'administration selon l'ordre prescrit et constamment observé. Ici, les jugements seront transcrits ou résumés d'une part sur un registre spécial, de l'autre sur une feuille qui restera annexée au manuscrit. — Les originaux seront conservés et classés, mais sans date ni aucune indication susceptible de révéler les noms des jurés, et seulement dans l'ordre dicté par le numéro d'enregistré-

ment. — Ces dates et indications ne seront notées que par l'administration dans un registre secret. — Les auteurs ou leurs fondés de pouvoir auront le droit de se faire représenter les originaux des jugements.

§ XII. — *De la portée des jugements.*

47. Par œuvres admises, on entend toutes celles qui seront jugées dignes d'être exécutées, soit au concert, soit à l'église, soit au théâtre, puis éditées.

48. Par œuvres encouragées, on entend celles pour lesquelles le jury accorde aux auteurs soit une simple mention honorable, soit en outre une indemnité en considération des frais matériels auxquels l'œuvre peut l'avoir entraîné, soit enfin les honneurs d'une exécution partielle. Il est bien entendu que ce troisième degré implique nécessairement les deux premiers.

49. Par œuvres rejetées, on entend naturellement toutes celles qui par suite de l'examen ne rentrent ni dans l'une ni dans l'autre de ces deux catégories.

50. Le jugement étant prononcé, les lettres à devise se rapportant aux œuvres admises et encouragées sont décachetées, et les noms des auteurs sont inscrits sur le registre. — Quant à celles se rapportant aux œuvres rejetées, elles restent provisoirement au secret.

§ XIII. — *Des manuscrits après examen.*

51. Aucun manuscrit, quel que puisse être le résultat de l'examen, ne sera rendu aux auteurs; tous seront conservés aux archives de l'Association.

52. Ces archives seront divisées en trois séries dictées par la nature du jugement : 1° OEuvres admises, 2° OEuvres encouragées, 3° OEuvres rejetées. — Chaque série sera subdivisée en classes indiquées par la nature des œuvres, 1° musique théorique et 2° musique pratique. Cette classification sera poussée aussi loin que le besoin l'exigera, de façon que les catalogues des archives offrent constamment une statistique facile à embasser de tout ce que produit l'Association. — Ces catalogues reproduisent en outre les numéros primitifs d'enregistrement. Un répertoire par ordre alphabétique de noms d'auteurs facilite les recherches. — Les lettres à devises, ouvertes ou encore cachetées, sont conservées dans un casier ou dans des cartons qui correspondent exactement à la classification des archives.

§ XIV. — *Du droit de réclamation.*

53. Les jugements, hormis ceux qui portent l'admission, sont sujets au contrôle, qui a pour objet de réformer à l'avantage de l'œuvre le jugement qui en a été porté. Le contrôle ne peut donc s'exercer que pour les œuvres encouragées ou rejetées.

54. Un délai d'un an et un jour est accordé pour les réclamations. Pendant ce délai, les manuscrits des œuvres rejetées ou encouragées, et les lettres à devise qui s'y rapportent, restent provisoirement classées selon leur ordre d'enregistrement ; après quoi elles sont définitivememt classées aux archives.

55. En outre, pendant ce délai d'un an et un jour, les œuvres rejetées, aussi bien que celles encouragées, restent la propriété entière de l'auteur. Les manuscrits ne pourront donc être donnés en lecture, même aux jurés, que sur son autorisation. Les auteurs pourront corriger leurs œuvres, et c'est en vue de ces corrections que le jury est invité à motiver ses jugements aussi explicitement que possible. Les œuvres corrigées pourront être présentées de nouveau, mais selon les formalités de présentation première et sous une autre devise. — Quant aux œuvres encouragées, elles ne pourront jamais être mises en lecture sans l'autorisation de l'auteur.

§ XV. — *Des œuvres définitivement rejetées.*

56. Les œuvres définitivement rejetées sont classées dans des archives particulières, selon le système indiqué précédemment. Tous les sociétaires peuvent en

prendre connaissance ; mais il ne leur est permis ni de les emporter, ni d'en copier quoi que ce soit. — Les lettres à devises qui s'y rapportent sont brûlées en séance publique, après que l'on s'est assuré que le secret n'en a pas été violé.

§ XVI. — *Des œuvres admises et encouragées.*

57. Tous les manuscrits devant être déposés aux archives, les sociétaires auront à régler eux-mêmes, dans les assemblées générales où ils débattront ces statuts, si les auteurs seront tenus d'adresser à l'Association deux copies de toutes les œuvres indistinctement, ou seulement des œuvres qui ne dépasseraient pas un certain nombre de pages ; — ou bien encore, si cette double copie ne sera exigible que dans le cas d'admission de l'œuvre. — Ils régleront en même temps si la copie des parties pour l'orchestre et pour l'édition doit être à la charge de l'Association ou de l'auteur.

58. L'admission étant prononcée, l'Association en fait immédiatement part à l'auteur et prend aussitôt les mesures réclamées par l'exécution, soit au concert, soit à l'église, soit au théâtre, et par l'édition.

59. Pour les œuvres encouragées, on se conformera aux mêmes règles dans la mesure que réclamera le degré de l'encouragement.

§ XVII. — *De la publicité à donner aux actes de l'Association.*

60. Vu les formalités prescrites pour la présentation des œuvres, — vu la nécessité de correspondre néanmoins avec tous les auteurs qui auront présenté des œuvres, même avec ceux dont le nom, par suite du rejet, devra rester à jamais secret pour tous, sans excepter les juges ni le comité d'administration, — vu ensuite le devoir imposé à toute société réellement républicaine de soumettre tous ses actes à l'appréciation publique : l'Association nationale des artistes musiciens fonde un journal qui sera son organe spécial et officiel. En conséquence, le journal devra, d'après ce que nous avons vu jusqu'à présent, donner :

1° La liste des sociétaires inscrits au registre général ;

2° La liste des manuscrits présentés et enregistrés ;

3° L'extrait des jugements selon l'ordre d'enregistrement ;

4° La statistique résumée d'après les catalogues des archives.

61. La liste des sociétaires devra indiquer les noms, prénoms, professions musicales, et domiciles.

62. La liste des manuscrits enregistrés devra donner le numéro d'enregistrement, l'indication sèche de l'œuvre, la devise et la date de l'arrivée.

63. La liste des jugements reproduit ces mêmes indications et donne de plus, pour les œuvres admises ou encouragées, les noms des auteurs. Le jugement est publié en résumé, au besoin dans son entier.

64. Le relevé statistique sera publié tous les six mois.

65. Le journal indiquera en outre, et en se conformant au même système, les œuvres qui, n'ayant pas été présentées selon les formalités prescrites, auront dû être renvoyées à leurs auteurs, lesquels, du reste, ne seront nommés que dans le seul cas où ils se seraient nommés eux-mêmes. — Il annoncera également les réclamations présentées et en vertu desquelles un jugement devra être révisé. — Ce système de publicité sera observé pour tout ce qui va suivre.

CHAPITRE III.

DE L'EXAMEN DES ŒUVRES.

§ XVIII. — *Du jury.*

66. L'Association ne s'occupera d'abord que de la musique pratique. Elle en

confié l'examen à un jury, dont la constitution première est dictée d'une part par les principes fondamentaux, de l'autre par les besoins que révèle la nature des œuvres.

67. Le jury sera donc nommé par la voie de l'élection générale et directe. Il sera choisi parmi les artistes compositeurs, et tout compositeur, soit de Paris, soit de province, est éligible. — Les artistes instrumentistes ne pourront être élus jurés que par exception, soit en cas de besoin, soit pour raison d'hommage à rendre au talent, mais jamais plus que dans la proportion de un sur cinq. Les fonctions de juré sont purement honorifiques.

68. La musique pratique se divisant en deux grandes catégories, qui sont la musique de chambre et la musique d'orchestre, — la musique de chambre fournissant un beaucoup plus grand nombre d'œuvres, et la musique d'orchestre des œuvres beaucoup plus importantes, on propose pour la constitution du jury la combinaison suivante : — Le jury sera composé de quinze membres qui, répartis en trois bureaux de cinq membres, jugeront de la musique de chambre et réunis en séance générale de quinze, jugeront de la musique d'orchestre.

69. Les bureaux siégent à tour de rôle, chacun une fois par semaine, dans les trois premières semaines, à partir du jour où l'Association entrera en exercice. — La quatrième semaine est réservée pour les séances générales, qui pourront être au nombre de trois si le nombre des œuvres présentées à l'examen l'exige. — A la cinquième semaine les bureaux reprennent, et l'on observe constamment la même succession.

70. Le jury siège au local de l'administration ; les séances sont de six heures au moins, mais peuvent être réparties en deux moitiés de trois heures. Il y aura toujours un jour d'intervalle entre chaque séance, et les jours de séance seront fixées une fois pour toutes, soit les lundi, mercredi et vendredi, ou les mardi, jeudi et samedi.

71. La production ne s'arrêtant jamais, le travail d'examen n'admet pas de vacances. Le jury est donc permanent. — La permanence du jury nécessite un renouvellement constant et régulier.

72. On élira donc trois jurés suppléants qui seront prêts d'une part à venir siéger à la place des jurés qui se trouveraient empêchés, de l'autre à remplacer les jurés qui ont accompli leur mission. — La mission du juré est limitée par le mode de renouvellement suivant :

73. La quatrième semaine, ou semaine des séances générales, étant révolue, le cinquième membre du premier bureau passe dans le second ; le cinquième du second dans le troisième ; le cinquième du troisième sort, et le premier suppléant inscrit vient au premier bureau prendre la place du premier membre siégeant. — Ce système de renouvellement constant, mais partiel, a un double but. Constant, il tend à prévenir l'esprit de coterie qui se formerait immanquablement si les mêmes membres siégeaient trop longtemps ensemble; partiel, il tend à prévenir les fautes qu'amènerait nécessairement l'inexpérience d'un jury renouvelé dans sa totalité. Ainsi, tout en assurant au jury une certaine homogénéité, il lui apporte constamment de nouveaux éléments. — Seulement, si ce système paraissait trop lent, comme de plus il impose à chaque juré la nécessité de siéger soixante semaines consécutives, on peut, au lieu d'un seul membre, en faire sortir deux ; mais en raison de l'expérience qu'avant tout le jury doit acquérir, il sera bon, pendant la première année au moins, d'adopter le mode de renouvellement par la sortie d'un seul juré.

74. Le rang d'inscription des jurés sera déterminé par la majorité relative obtenue dans l'élection. Celui qui aura réuni le plus de suffrages sera inscrit le premier.

75. Les trois bureaux sont indépendants les uns des autres; ils ont les mêmes attributions. Leurs décisions sont définitives, sauf le droit de contrôle dans la mesure qui a été indiquée. Il en est de même pour les séances générales.

76. Le jury suit dans ses travaux l'ordre déterminé par l'enregistrement successif des œuvres, c'est-à-dire que, les bureaux jugeant de la musique de

chambre, le premier bureau commence par l'œuvre la plus anciennement enregistrée et suit; le second bureau commence là où a cessé le premier, et le troisième là où a cessé le second. — De même en séance générale le jury se conforme à l'ordre d'ancienneté et continue dans une seconde et une troisième séance, s'il y a lieu.

77. Le vote est secret; la majorité absolue décide, même en séance générale. — (Cet article sera un des premiers à revoir; mais la pratique seule peut démontrer si la majorité absolue en séance générale n'assure pas d'une part trop de chances à la médiocrité, n'oppose pas, d'autre part, trop de difficultés au talent original.)—On ne fera connaître ni au public, ni aux auteurs, le chiffre de la majorité, ni même les cas d'unanimité. — Les séances sont présidées par le doyen d'âge, lequel cependant n'a qu'une voix. — Il n'y a pas de secrétaire.

78. Le jury est assisté d'accompagnateurs, d'instrumentistes et de chanteurs en titre et rétribués. Ils seront choisis par le concours; leur nombre et le chiffre de leur rétribution seront fixés ultérieurement. Dans l'intervalle des séances, ils devront étudier les œuvres que l'ordre d'enregistrement amène à l'examen. Ces études se feront dans le local de l'administration, dont les manuscrits ne peuvent sortir sous aucun prétexte que ce soit. Les accompagnateurs, instrumentistes et chanteurs n'ont qu'une voix consultative.

79. Les jours de séance étant marqués, tout juré qui se trouverait dans l'impossibilité de siéger est tenu de prévenir l'administration au moins quarante-huit heures d'avance pour les séances générales, et vingt-quatre heures pour les séances de bureau. — Les accompagnateurs, instrumentistes et chanteurs devront toujours prévenir au moins quarante-huit heures d'avance. — En prévenant, on fera valoir les motifs d'exemption; l'administration en jugera, et, en cas de doute, les soumettra à la plus prochaine assemblée générale.

80. Comme il pourrait néanmoins survenir au dernier moment des empêchements pour cause de maladie, d'accidents de famille ou de voyage forcé et non prévu, les séances générales seront considérées comme régulièrement constituées par la présence de treize et même de onze membres. — Quant aux séances de bureaux, le chiffre complet est obligatoire pour leur constitution régulière. Les jurés suppléants devront donc se tenir à la disposition de l'administration.

81. L'Association ne pouvant exempter que dans les cas dûment constatés de maladie, d'accidents majeurs de famille et de voyage forcé non prévu, tout juré devra, en se présentant à l'élection, bien peser si les charges qui lui sont imposées d'ailleurs sont compatibles avec les fonctions de juré. — D'un autre côté, tout sociétaire jugé capable et digne d'exercer les fonctions de juré, et qui les refuse, renonce par là aux bénéfices de l'Association, s'il ne prouve que l'état de sa santé ou les charges de sa profession sont un empêchement sérieux. — En d'autres termes, tout sociétaire ayant le droit de voir son œuvre examinée, et examinée consciencieusement, s'impose le devoir, dès qu'on l'y appelle, d'examiner toute œuvre et de remplir consciencieusement son mandat d'examinateur.

82. Tout juré qui, ayant accepté les honneurs de l'élection, manque trois fois à ses devoirs, est exclu à jamais de l'Association, c'est-à-dire qu'il ne pourra plus remplir aucune fonction, ni honorifique ni rétribuée, et que l'Association n'acceptera plus son concours ni comme instrumentiste ni comme compositeur. — Dans ce dernier cas, comme il pourrait se faire, vu le mode de présentation anonyme des œuvres, qu'une ou plusieurs de ses œuvres aient été jugées dignes d'admission ou d'encouragement, les jugements seront annulés et les manuscrits relégués aux archives dans la catégorie des œuvres définitivement rejetées. Dans les procès-verbaux et dans le journal de l'Association, le rejet sera invariablement motivé comme suit : *L'auteur a manqué trois fois à ses devoirs de sociétaire.* — Son nom ne sera pas nommé, et la lettre qui le contient sera brûlée. — Néanmoins, on ne pourra revenir sur les jugements antérieurs ni sur leurs conséquences.

83. De plus, le rôle des œuvres à examiner étant connu d'avance, tout juré

tout accompagnateur, instrumentiste ou chanteur devra, avant la séance, déclarer qu'aucune de ces œuvres n'est de lui ; s'il s'en trouvait une, il devra, tout en s'abstenant de la désigner de quelque manière que ce soit, se récuser dans le délai préalable fixé plus haut (79). Toute infraction à cette règle sera considérée comme un manque aux devoirs de sociétaire et notée à l'égale d'absence non motivée. L'œuvre perdra son tour de rôle, le manuscrit sera relégué aux archives et ne pourra revenir à l'examen que présenté de nouveau et sous une nouvelle devise, selon les formalités prescrites. — Cependant, hors le cas où cette infraction constituerait une troisième note entraînant la déchéance des droits sociaux, les œuvres qui tombent sous le coup de cette mesure restent la propriété de l'auteur, et ne peuvent être mises en lecture. — La lettre à devise sera brûlée. — L'administration tiendra une liste particulière des ouvrages frappés de cette mesure.

84. Hors le cas mentionné ci-dessus et les cas d'exemption reconnus, les accompagnateurs, instrumentistes et chanteurs peuvent se faire remplacer par d'autres artistes attachés au même titre à l'Association, sauf à les indemniser.

85. Les jurés sortant pourront être réélus. Les noms des jurés qui auront été élus trois fois, si l'on adopte le mode de renouvellement par la sortie d'un seul, ou cinq fois, si l'on adopte le renouvellement par deux, seront inscrits sur une table d'honneur exposée dans le local des assemblées générales et des concerts, portant pour légende :

A ses bienfaiteurs l'Association reconnaissante.

En outre, ces jurés recevront, en exemplaires de choix, la collection complète des œuvres admises à partir du jour de leur élection jusqu'au dernier de leur fonction. Sur la reliure on lira, d'un côté, la légende ci-dessus, et de l'autre le nom du juré et les deux dates indiquant la durée de ses fonctions. Les jurés inscrits sur ce tableau seront de droit présidents des assemblées générales. Pour les premiers temps de l'Association, c'est aux jurés fonctionnant qu'appartient l'honneur de choisir parmi eux le président pour ces assemblées ; de plus, ils président en corps. — Tous les jurés fonctionnant, y compris les suppléants, ont aussi dans les concerts une place d'honneur, à laquelle est attaché un privilége d'entrées (1).

§ XIX. — *Du mode de contrôle.*

86. Le droit de contrôle ou de réclamation appartient à tous les sociétaires, c'est-à-dire à tous les auteurs sur les œuvres desquels le jury a prononcé l'encouragement ou le rejet.

87. L'Association, désirant offrir à ses membres les garanties les plus étendues, reconnaît comme possible qu'une œuvre préalablement rejetée par le jury soit, en vertu du contrôle, immédiatement présentée à l'admission. Seulement, la teneur du contrôle doit exprimer nettement jusqu'à quel degré on entend l'exercer, c'est-à-dire si l'œuvre rejetée est présentée à l'encouragement seulement ou immédiatement à l'admission. — Quant à l'œuvre encouragée, elle ne peut qu'être présentée à l'admission.

88. Le tribunal appelé, en vertu du contrôle, à réviser les jugements, prononce strictement sur les termes du contrôle. Si donc une œuvre rejetée était présentée à l'admission, elle ne pourrait pas, en vertu du jugement de révision, être classée dans la catégorie des œuvres encouragées, mais serait ou admise ou rejetée sans restriction.

---

(1) Nous ne saurions trop attirer l'attention sur tout ce qui concerne la constitution du jury. C'est le point capital et dont dépend l'avenir de l'Association. Nous avons adopté dans le corps de la rédaction la combinaison qui nous a paru le plus conforme aux principes fondamentaux ; mais on la trouve trop rigoureuse. Nous ne pouvons développer ici tout ce que nous aurions à dire à l'appui ; nous ne pouvons non plus développer tous les motifs d'après lesquels on demande une combinaison basée sur la rétribution du jury. Si, comme nous l'espérons, le journal se fonde prochainement, nous débattrons cette question et toutes celles que soulèvent d'autres points des statuts.

89. Le jugement de contrôle doit être signé par le réclamant, motivé et signé par sept compositeurs membres de l'Association, et être présenté à l'administration dans le délai d'un an et un jour. — Ces conditions sont les mêmes
pour toute œuvre, à quelque catégorie qu'elle appartienne. — Les réclamants
ont la faculté de retirer leur réclamation trois jours au plus tard avant l'entrée en séance du jury d'appel.

§ XX. — *Du jury d'appel.*

90. Le jury d'appel est formé de sept compositeurs, qui, pour les premiers
temps, seront, comme le premier jury, nommés par l'élection générale et directe, mais qui, plus tard, seront choisis parmi les jurés inscrits au tableau
d'honneur. — Le nombre des séances et la durée des sessions seront ultérieurement fixés en assemblée générale sur la proposition du comité d'administration, et selon les besoins que l'exercice révélera.

91. Ce jury prononce à la simple majorité et sans appel. Il est présidé par
le doyen d'âge. Ses séances sont publiques, c'est-à-dire que tous les sociétaires y sont admis, mais seulement à titre d'auditeurs, sans voix délibérative
ni consultative. Toute marque d'approbation ou d'improbation est donc formellement interdite. Le président rappellera tout contrevenant à l'ordre ; au
besoin, il a le droit de faire évacuer la salle, et même de lever la séance, auquel dernier cas la réclamation sur laquelle on délibère sera mise à néant.

92. Le jury est assisté d'un secrétaire attaché à l'administration, et d'accompagnateurs et de chanteurs, selon que le besoin l'exige. — Les signataires
du contrôle siégent pour appuyer la réclamation.

93. Aucun membre du jury d'appel ne doit avoir fait partie du jury qui a
jugé en premier lieu sur l'œuvre ; le cas échéant, il se récuse. De même aucun des jurés ne doit avoir signé le contrôle.

CHAPITRE IV.

DE L'EXÉCUTION DES ŒUVRES.

§ XXI. — *Des Concerts.*

94. L'Association fonde une Société de Concerts nationaux composée d'artistes inscrits sur ses registres. — L'admission comme membre de l'orchestre
ou des chœurs, ou comme solo, sera soumise à un concours. — Les conditions
et le mode de ce concours seront ultérieurement arrêtés.

95. Les cadres sont fixés pour l'orchestre à 80 membres au minimum, et
à 120 au maximum ; pour les chœurs à 60 au minimum, et à 80 au maximum.
— Les élèves du Conservatoire pourront être appelés à compléter les cadres,
même au maximum, selon la circonstance.

96. L'orchestre, étant constitué, sera appelé à élire un premier et un second chef d'orchestre, qui recevront un traitement fixe. — Il y aura deux accompagnateurs en titre, choisis par le concours et recevant de même un traitement fixe. Ils ne pourront être pris parmi ceux attachés au jury. — Les
compositeurs dont on exécutera les œuvres seront admis à accompagner eux-
mêmes et à diriger l'orchestre, sauf toutefois à prouver dans une répétition
qu'ils en sont capables.

97. Le nombre des concerts est provisoirement fixé à un par mois pour la
saison d'été, et à deux pour la saison d'hiver.

98. On n'y exécutera que les œuvres admises par l'Association ; mais on les

exécutera toutes, sauf décisions particulières à prendre, selon la circonstance, pour la musique religieuse et la musique de théâtre. — On pourra, mais simplement par exception, faire entendre aussi dans ces concerts des fragments d'œuvres encouragées.

99. Les œuvres seront exécutées selon leur ordre d'admission, lequel est basé sur l'ordre d'enregistrement. Si, pour des raisons de ressemblances ou de dissemblances trop grandes entre les œuvres que cet ordre amène successivement; si encore, dans l'intérêt de la variété, l'ordonnateur des concerts jugeait à propos de reculer une œuvre quelconque, cette œuvre sera exécutée de droit dans le plus prochain concert, et l'intervertissement dans l'ordre légal de succession ne pourra être décidé que par le sort. — En outre, l'ordonnateur des concerts a toute liberté pour la disposition du programme.

100. Tous les sociétaires, chanteurs et instrumentistes solos, qui ne sont pas immédiatement attachés au concert, sont invités à lui prêter leur concours. De même, les artistes étrangers sont admis ou invités à se faire entendre, et sont entièrement libres dans le choix de leurs morceaux. Mais cette admission ou invitation, étant un hommage pur et simple rendu au talent, ne donnera jamais droit à une rétribution.

101. L'admission dans le personnel effectif des concerts donne droit à une rétribution qui, selon les ressources de l'Association, pourra être progressive, et sera réglée d'après des bases posées une fois pour toutes; c'est-à-dire qu'on admettra une base uniforme pour les choristes, une seconde plus élevée pour le corps des instrumentistes, une troisième pour les premières parties, une quatrième pour les choryphées et les chefs d'attaque, et une cinquième pour les solos indistinctement, soit voix, soit instrument.

102. Conformément au but que l'Association se propose : coopérer à l'éducation musicale de la nation, en assurant à l'artiste une existence honorable dans la mesure de ses talents et des besoins présents, — le local le plus convenable pour les concerts serait une salle de spectacle.

103. Les places seront mises à la portée de tous, et voici les prix que l'on propose : Premières loges : 15 francs; — deuxièmes : 5 francs; — troisièmes : 3 francs; — quatrièmes : 1 franc; — amphithéâtre : 50 centimes; — baignoires de pourtour : 3 francs (toutes ces places sans distinction de face ni de côté); — orchestre : 10 francs; — parterre : 2 francs (l'orchestre n'aurait que quatre rangées de stalles; le parterre serait divisé en stalles toutes d'un même prix; les hommes seuls y ont entrée ainsi qu'à l'orchestre.)

104. Le balcon est réservé aux jurés, et aux auteurs dont on exécute les œuvres. La totalité des places est également répartie entre tous; le jury occupe les places de face. Les jurés et auteurs ont toute liberté pour les invitations, et peuvent amener soit leur famille, soit toute personne marquant dans les arts ou dans les sciences. — Il y aura pour ces places des billets spéciaux, qui ne pourront être vendus. — Ces billets porteront le nom du juré ou auteur à qui ils appartiennent et le nom de la personne invitée. — Les loges d'avant-scène sont réservées pour les personnes qu'invite l'Association. — Les baignoires d'avant-scène sont réservées, l'une pour l'ordonnateur des concerts, l'autre pour les deux chefs d'orchestre; deux loges du second rang sont réservées pour les quatre autres administrateurs.

105. Tous les billets payant devront être pris au bureau. — Les stalles d'orchestre et les premières loges pourront seules être louées d'avance et coûteront 20 francs au lieu de 15, 12 francs au lieu de 10. — Les bureaux seront ouverts une heure et fermés un quart d'heure avant l'ouverture du concert. L'entrée de la salle sera alors rigoureusement interdite pour tous les billets sans distinction. — Hors aux places réservées pour le jury, les auteurs et l'administration, il ne peut y avoir d'entrées de faveur.

106. Les sociétaires peuvent assister aux répétitions. Leur carte de sociétaires leur assure l'entrée à toutes les places, excepté au balcon et aux premières loges qui sont exclusivement réservés pour les femmes. La carte de sociétaire est personnelle. — Toute marque d'approbation ou d'improbation

est formellement interdite aux auditeurs. — L'ordonnateur des concerts préside aux répétitions. Il n'y peut exercer qu'une action purement réglementaire ; mais sous ce rapport il a tout pouvoir.

§ XXII. — *De l'exécution des œuvres d'église.*

107. Pour l'exécution des œuvres qui conviennent à l'église, l'Association prendra des mesures particulières selon l'œuvre et selon la circonstance. — Ces œuvres seront exécutées par l'orchestre et les chœurs de l'Association, et cette exécution leur sera comptée à l'égal d'un concert. — L'Association ne réclamera rien de l'église, mais n'aura non plus rien à lui payer.

§ XXIII. — *De l'exécution des œuvres de théâtre.*

108. L'Association, convaincue que par son organisation elle offre des garanties suffisantes, demande à l'Etat, jusqu'au jour où elle pourra elle-même fonder un théâtre, la faculté de faire représenter, dans le délai d'un an au plus, sur les théâtres subventionnés, tous les opéras qu'elle en aura jugés dignes. Elle laisse à l'administration respective de chaque théâtre toute liberté pour une mise en scène convenable, digne de l'œuvre et conforme à l'usage ; mais elle ne reconnaît à aucune administration ni à aucun comité artistique le droit de contrôler le jugement qu'elle a porté sur la valeur intrinsèque de l'œuvre, tant par rapport au sujet que par rapport à la composition musicale.

109. L'Association ne réclame du théâtre aucune prime, mais elle se réserve le droit de livrer la partition au théâtre qui sera le mieux à même de représenter l'œuvre de la façon la plus convenable et dans le plus bref délai ou dans la saison la plus favorable, sans avoir égard aux priviléges établis. — Les frais de copie de la partition et des parties, tant de chant que d'orchestre, seront à la charge du théâtre.

110. Tout théâtre représentant un opéra livré par l'Association assure et garantit au compositeur et au poëte les droits de représentation d'usage. — Les auteurs, de leur côté, renoncent à toute prime particulière payée par le théâtre en dehors de ces droits. Tout auteur trafiquant ainsi de son œuvre perd le bénéfice de l'édition par l'Association.

111. Pour chaque représentation, jusqu'à la dixième inclusivement, le théâtre tiendra dix billets par acte à la disposition de l'Association. A partir de la onzième représentation le nombre des billets sera réduit de moitié. — Sans déterminer encore quelles seront les places tenues par les théâtres à la disposition de l'Association, il est bien entendu qu'elles doivent être en rapport avec leur destination. — Ces places appartiennent pour les deux tiers au jury et pour le troisième tiers aux auteurs.

112. Les sociétaires dont le talent et les qualités sous le rapport de la voix auront été reconnus dans les concerts par le jury seront, sur la présentation de l'Association, autorisés par l'Etat à débuter sur les théâtres nationaux. Ils auront droit à trois débuts au moins et six au plus, soit sur un seul théâtre soit sur plusieurs, à leur choix, et dans un délai déterminé. — Pour ces débuts, ni l'Association ni les artistes ne paieront quoi que ce soit au théâtre ; de même, les artistes ne recevront quoi que ce soit ni des théâtres, ni de l'Association. — Enfin, ils seront libres de se faire entendre dans tout opéra soit ancien, soit nouveau, soit ou non fourni par l'Association, pourvu qu'il se trouve préalablement au répertoire. — Leur engagement au théâtre reste néanmoins subordonné au succès de leurs débuts. D'un autre côté, l'insuccès de leurs débuts ne pourra en rien influer sur leurs relations avec l'Association, qui ne les jugera jamais que par leurs succès ou insuccès au concert.

CHAPITRE V.

DE L'ÉDITION DES ŒUVRES.

§ XXIV. — *Du mode de rétribution.*

113. Après avoir été exécutées ou représentées comme il vient d'être dit, les œuvres admises par l'Association, revues au besoin par les auteurs, sont éditées, et les bénéfices partagés d'après les bases suivantes :

114. Pour la musique de chambre, le produit de la vente est par moitiés égales entre les auteurs et l'Association, déduction faite des frais d'édition, c'est-à-dire de tous les frais qu'a supportés l'Association jusqu'à la mise en vente.

115. Pour la musique d'orchestre, l'Association ne pouvant compter sur un débit en rapport avec l'importance de l'œuvre, devant bien plutôt prévoir que plus l'œuvre sera importante moins elle aura de débit, adopte une série de primes proportionnelles. — Dès que le jury aura été élu, avant d'entrer en fonction, il sera invité à fixer ces primes.

116. Par suite des conditions particulièrement favorables dans lesquelles il se trouve, l'opéra sera, quant à sa rétribution, considéré comme musique de chambre, tant par rapport à la partition qu'aux morceaux détachés. — Les sextuors, septuors, etc., rangés quant à l'examen parmi la musique de chambre, seront, quant à la rétribution, considérés comme musique d'orchestre. — Le jury décidera si la musique militaire doit jouir d'une prime.

117. Les œuvres d'orchestre, indépendamment de la prime, partageront les bénéfices de vente, s'il y a lieu, comme il a été dit pour la musique de chambre.

118. La réduction pour piano des œuvres d'orchestre sera faite, soit par le compositeur même, soit par tout autre artiste choisi ou accepté par l'auteur, qui alors conserve son droit de révision. — Si l'auteur fait lui-même la réduction, il partage le produit de vente avec l'Association, selon la base adoptée pour la musique de chambre. — Tout artiste faisant la réduction pour un autre est payé en raison du travail : soit tant par page de réduction, — ou tant par acte, ou tant par opéra de un, deux, trois, quatre ou cinq actes, et ainsi tant par symphonie, oratorio, messe, etc., etc. — La fixation de ce tarif rentre dans les travaux préparatoires du jury.

119. L'Association adopte un tarif d'indemnité aux compositeurs pour les paroles des œuvres qu'elle édite. — C'est au jury qu'appartient également de fixer ce tarif. — Il est bien entendu que l'opéra n'y doit point participer, les droits d'auteur d'usage étant garantis au poëte par les théâtres. — Les paroles inédites seules donneront droit à l'indemnité.

§ XXV. — *De l'œuvre éditée et livrée au commerce.*

120. Toutes les musiques éditées par l'Association sont gravées et sur beau papier. Toutes les œuvres sont du même format et ont toutes le même aspect extérieur. — L'usage des lithographies pour romances, etc., est aboli. La lithographie est remplacée par un frontispice, ou encadrement en arabesques, qui sera mis au concours. On lit en tête : *Association nationale des artistes musiciens;* sur les côtés : *Chacun pour tous* et *Tous pour chacun;* au bas : *A chacun selon ses œuvres.* Dans l'intérieur se trouve le titre spécial de l'œuvre, la dédicace, la devise de présentation et le nom de l'auteur. — En outre, deux numéros avec les indications : *Edition nationale,* n°... *Œuvre de l'auteur,* n° ... — Par cette dernière indication, on n'entend que les œuvres de l'auteur éditées par l'Association. — Enfin, au bas, la date et le prix net.

121. L'Association ne met en circulation que des exemplaires brochés et ca-

chetés. Elle garantit tout exemplaire complet. L'enveloppe ou bande est imprimée; le cachet porte pour légende : *Edition nationale.* Un timbre mobile indique la date de la mise en circulation. — On lit sur l'enveloppe le titre de l'œuvre, le nom du compositeur, les deux numéros d'œuvre, la date de la publication, et en outre le prix net et l'extrait des statuts déterminant les prix, et les augmentations motivées par les frais de transport.

122. Les prix de vente sont basés sur le coût matériel de l'édition, et pourraient être calculés selon le principe suivant :

1° Les frais matériels pour un tirage normal fixé au minimum (par exemple 100 exemplaires) s'élevant à. .

On ajoute :

2° Une somme égale comme droit d'auteur. . . . . .

3° Et encore une somme égale pour droit d'association. . . . .

Coût total de la planche à 100 exemplaires. . . . .

Cette base est proposée comme la conséquence de ce qui a été établi plus haut, que, déduction faite des frais d'édition (gravure, papier, tirage, brochage, expédition), l'auteur et l'Association partagent par moitiés égales.—Ce total, divisé par 100, donne le prix de vente fixé une fois pour toutes, pour toute planche de musique éditée par l'Association. — On décidera ultérieurement si, pour la musique d'orchestre, il ne serait pas bon de réduire ce prix d'un tiers, afin [de mettre les grandes œuvres à la portée d'un plus grand public (Cette question sera résolue dans le premier numéro du journal).

123. L'Association se charge exclusivement de la vente ; elle supporte tous les frais de commerce. Elle seule traite avec les débitants, de même qu'avec tous les ouvriers (graveurs, imprimeurs, etc.). — L'Association n'a pas d'ateliers spéciaux et n'emploiera pas d'ouvriers à la journée. Elle traitera avec les ateliers existants et paiera à la tâche. — Le dépôt général des œuvres éditées se trouve au local de l'administration.

§ XXVI. — *Système commercial.*

124. L'Association adopte un système de commerce par commission. Tout ce qu'elle édite est déposé chez les marchands ; ceux-ci lui retournent ce qui n'a pas été vendu. Tous les ouvrages sont expédiés aux commissionnaires à mesure qu'ils paraissent ; les retours se font en bloc à deux époques fixes de l'année, de six mois en six mois.

125. Sont admis à être commissionnaires : tous les libraires et marchands de musique offrant par leur fonds commercial une garantie suffisante; tout demandeur qui se soumettra à un cautionnement proportionné à l'extension du dépôt qu'il voudrait établir.

126. Tout commissionnaire s'engage à recevoir de tout au moins deux exemplaires. Au-delà, le commissionnaire détermine lui-même, selon la localité et le débit probable, le nombre d'exemplaires qu'il désire recevoir de chaque genre d'œuvre. Les frais d'expédition sont à la charge des destinataires ; c'est-à-dire que le commissionnaire supporte les frais de tout ce que lui envoie l'Association, et que l'Association supporte les frais de retour.

127. Pour la province, le prix de vente augmente en raison des frais de transport. Cette augmentation sera marquée par un tarif progressif calculé sur des rayons de 10, 25, 50, 100, 150 et 200 lieues. Ce tarif sera imprimé sur l'enveloppe, pour la gouverne de l'acheteur.

128. Les comptes seront arrêtés, entre l'Association et les commissionnaires, le 31 mars et le 30 septembre ; de façon qu'au 31 mars le commissionnaire renvoie tout ce qui lui reste de ce qu'il a reçu jusqu'au 30 septembre précédent, et au 30 septembre le reste de ce qu'il a reçu jusqu'au 31 mars précédent. Par ce système, toutes les œuvres éditées sont au moins six mois en commission et au plus un an.

129. Le dépôt central reprend tout exemplaire dont le cachet et le timbre sont intacts. Aux deux termes fixés, il adresse aux commissionnaires le relevé de tout ce qui leur a été expédié pendant la période échue. Le commissionnaire, dans un délai de quinze jours au plus, donne avis de ce qu'il retourne, et solde la différence par un mandat à vue et à ordre. Les mandats à trois mois de date au plus ne seront acceptés que sur des conventions particulières.

130. Les comptes entre les compositeurs et l'Association sont également réglés de six mois en six mois et arrêtés le 31 décembre et le 30 juin. Cependant, comme selon ce système le premier règlement de compte ne pourrait être arrêté que quinze mois après l'entrée en exercice, pendant les trois premières années ces termes ne seront pas rigoureusement maintenus, et on pourra, au besoin, demander des règlements partiels de trois en trois mois. — L'Association ne paiera qu'en mandats à vue et à ordre sur la Banque, ou le plus proche comptoir départemental.

§ XXVII. — *Des Dépositaires en particulier*.

131. Le nombre des dépositaires est fixé, pour Paris, à douze au plus, et, pour la province, à un seul par localité. — A Paris le premier dépôt de débit sera établi au siége même de l'administration, dont néanmoins il sera indépendant ; ses relations avec l'Association seront les mêmes que celles de tous les divers dépôts de la ville et de la province.

132. Tous les dépositaires ou commissionnaires, tant de la province que de Paris, s'engagent à donner en lecture toutes les musiques éditées par l'Association.

133. Les prix d'abonnement pour un an, six mois ou trois mois, et les prix de location pour morceaux détachés, seront ultérieurement fixés par l'administration, et seront les mêmes pour toute la France. — Aucune musique ne pourra être exclue de l'abonnement ; le prix de la location partielle sera basé sur le prix net marqué pour la vente. — Le dépôt sera retiré à tout commissionnaire qui contreviendrait à ces conditions générales.

134. Tout dépositaire ou commissionnaire s'engage donc à acheter au moins un exemplaire de toute œuvre éditée par l'Association.— L'Association fait au commissionnaire un rabais de 10 pour 100 au moins et de 15 pour 100 au plus. — Le taux du rabais étant fixé, il sera le même pour l'exemplaire acheté pour la lecture que pour les exemplaires vendus. — Le bénéfice de l'abonnement appartient tout entier au commissionnaire.

§ XXVIII. — *Bibliothèque des œuvres éditées*.

135. — L'Association fonde une bibliothèque spéciale de toutes les œuvres admises et éditées par elle. Cette bibliothèque sera ouverte à tous les sociétaires, mais il ne sera pas permis d'emporter les ouvrages; on sera libre de les copier. — (De plus l'Association s'engage à éditer, sous le nom de *Bibliothèque classique et historique*, un choix complet des œuvres qui, conformément aux lois de prescription, sont devenues propriété publique. Les éditions seront par leur prix mises à la portée de tous les artistes.)

136. Il y aura deux exemplaires de chaque œuvre. La classification sera établie selon le système indiqué précédemment pour les archives, et complétée par un répertoire alphabétique de noms d'auteurs.

137. Un rayon d'honneur contiendra en outre, par ordre successif de publication, toutes les œuvres premières ou de fondation, et les noms des auteurs seront, suivant le même ordre, inscrits sur un tableau donnant de plus le titre de leur œuvre. On lira en tête du tableau :

A ses fondateurs l'Association reconnaissante.

Les exemplaires de fondation seront reliés et on lira de même sur la couverture la légende et le nom du compositeur, avec la date de publication, et de plus la date du concert de fondation dans lequel cette œuvre aura été exécutée.

138. L'Administration veillera à ce qu'il y ait toujours en réserve un certain nombre d'exemplaires de choix destinés aux donations (pour les jurés, etc.).

139. L'auteur recevra de l'Association douze exemplaires de son œuvre de fondation, quelle qu'elle soit, et trois exemplaires des autres. — Tous les ouvrages seront déposés conformément à la loi.

140. Tous ces exemplaires seront numérotés et paraphés, pour indiquer qu'ils ne peuvent être vendus. Leurs diverses destinations, exprimées par écrit sur le premier feuillet, sont fixées dans l'ordre suivant :

			Œuvres de fondation.
Dépôt conforme à la loi.	n⁰ˢ 1 et 2	1 et 2
Bibliothèque de l'association..	3 et 4 ou	3 à 6
Exemplaires d'auteur.	5, 6 et 7 ou.	7 à 18
Donations d'honneur, à partir de.	8 ou de	19

jusqu'au chiffre qui sera ultérieurement arrêté.

CHAPITRE VI.

§ XXIX. *Du fonds social.*

141. Le fonds social se compose, en premier lieu, de la dotation qui sera allouée par l'Etat; — en second lieu, de la propriété à perpétuité de l'œuvre de fondation ou première œuvre que tout artiste, présent et à venir, abandonne à l'Association.

142. L'Association accueille avec reconnaissance toute donation gratuite, provenant soit de villes, soit de particuliers; seulement, dans ce dernier cas, elle ne peut accepter que des donations anonymes, excepté celles faites par testament sous forme de legs. — Toutes les donations faites avant l'entrée en exercice seront invariablement affectées au fonds social premier. Plus tard, selon le vœu des donataires, elles seront affectées soit à la caisse de retraite, ou à la caisse de secours, ou au fonds social. — Toute donation dont le but ne sera pas désigné reviendra au fonds social.

143. Le fonds social s'alimente du produit des concerts d'une part, et de l'autre du produit de l'édition.

144. L'Association rendra compte à l'Etat de l'emploi du fonds social premier alloué par lui ; ce compte-rendu sera publié. Une commission appelée par l'Etat sera appelée à vérifier les livres.

145. Tous les six mois on publiera un rapport sur la situation financière. Ce rapport sera, dans son entier, adressé à tous les sociétaires et en extrait publié par le journal. — Une commission spéciale nommée par les sociétaires sera appelée également à vérifier les livres.

146. Le comité d'administration est collectivement responsable. Il ne peut contracter aucune dette, ni en son nom, ni au nom de l'Association. Il lui est interdit de faire la moindre avance tant aux artistes qu'aux fournisseurs de l'Association.

§ XXX. — *De l'administration.*

147. Conformément aux besoins révélés par le plan d'organisation, le comité d'administration sera composé de cinq membres :

1° Le secrétaire général ;

2° L'ordonnateur des concerts ;

3ª Le gérant de l'édition ;

4° Le gérant du journal ;

5° Le trésorier.

148. Le secrétaire général est l'intermédiaire entre l'Association et les artistes, entre tous les membres de l'Association. Il est exclusivement chargé de la correspondance avec les sociétés affiliées ou de province. — Il tient le registre général des sociétaires. Il leur communique toutes les mesures qui les concernent, et reçoit leurs communications. — Il reçoit les œuvres adressées à l'Association, les enregistre, les transmet au jury, recueille les jugements, adresse aux auteurs les décisions qui portent l'admission ou l'encouragement, conserve les archives, la bibliothèque et le dépôt des exemplaires de donations, et transmet à l'ordonnateur des concerts ou au gérant de l'édition les manuscrits (copies) qui leur sont destinés.

149. L'ordonnateur des concerts est chargé de tout ce qui se rapporte à l'exécution des œuvres, soit au concert, soit à l'église, soit au théâtre. — Il compose et surveille le personnel de l'orchestre, et tient la comptabilité pour tous les artistes qui en font partie, et pour tous les ouvriers et fournisseurs dont le fait matériel du concert nécessite l'intervention. Il tient en outre les comptes de recettes. — Il est chargé de la correspondance avec les églises et les théâtres, soit de Paris, soit de la province.

150. Le gérant de l'édition est chargé de tout ce qui concerne l'édition, tant sous le rapport de la gravure et de l'impression, d'une part, que sous le rapport de la vente. Il ne vend pas en détail. — Il tient en outre toute la comptabilité commerciale, y compris celle qui concerne les compositeurs.

151. Ces trois administrateurs : le secrétaire général, l'ordonnateur des concerts, et le gérant de l'édition, sont dépositaires des lettres à devise. Ils ont chacun une clef du ou des casiers qui les renferment, et sont responsables du secret.

152. Le gérant du journal est, quant à l'administration, dans des conditions analogues. Il dirige le matériel de sa publication, tient la comptabilité pour les imprimeurs et fournisseurs de toute nature, pour les abonnements et pour les rédacteurs. — Quant à ses attributions particulières, elles seront indiquées dans un article spécial.

153. Le trésorier est seul dépositaire de fonds. — Ses quatre collègues lui remettent leurs comptes respectifs et toutes les valeurs, quelles que soient leur nature et leur origine, qui peuvent être versées entre leurs mains.

154. Le trésorier tient les registres généraux de la situation financière ; il est exclusivement chargé de tous les rapports publics et particuliers sur ce sujet ; il doit tenir un livre établissant la balance courante, et susceptible d'être déposé dans un local où il sera loisible à tout sociétaire de le vérifier.

155. Le trésorier ne peut avoir en caisse qu'une somme déterminée, calculée sur le maximum des dépenses courantes d'un mois au plus, et de quinze jours au moins. — Il fournit un cautionnement proportionné à cette somme.

156. Toutes les valeurs excédant le maximum de cette somme doivent être constamment versées à la Banque de France. — Toutes les sommes dues par l'Association, et dépassant le chiffre de 100 fr., seront acquittées par un mandat à vue et à ordre sur la Banque.

157. Ce mandat porte trois signatures : 1° celle de l'administrateur qui l'ordonne (gérant de l'édition, des concerts ou du journal) ; celle du trésorier qui le vise, et celle du secrétaire général qui l'expédie au destinataire.

158. Toutes les sommes au-dessous de 100 fr. sont seules immédiatement acquittées par le trésorier, sur le simple mandat de l'administrateur respectif.

159. Hors ce cas, on voit que le trésorier n'a de relations directes qu'avec ses collègues, d'une part, et avec la Banque de l'autre. C'est le point capital qu'il faudra avoir en vue en réglant plus spécialement ses attributions.

160. Chaque administrateur est individuellement responsable dans tout ce qui est de son ressort. Le comité est collectivement responsable pour toutes les mesures générales d'administration, qui ainsi ne pourront être prises qu'en

commun. — Les cinq administrateurs se rendront donc mutuellement compte de tout ce qu'ils feront ou auront fait. — Les rapports à présenter à l'Association se feront au nom du comité réuni.

161. Les administrateurs doivent tout leur temps et toute leur activité à l'Association ; ils ne peuvent donc être choisis parmi les artistes, et ils doivent être rétribués. La rétribution sera la même pour tous. Le chiffre en sera fixé ultérieurement ; mais on peut calculer sur un minimum de 3,600 fr. par an.

162. Ils seront élus selon le mode adopté par l'Association (1). Ils ne pourront être révoqués que dans les cas dûment constatés d'abus de confiance ou d'incapacité. Leur révocation appartient à l'assemblée générale. Ils pourront donner leur démission, et auront la faculté de présenter un successeur. La démission doit être donnée trois mois d'avance. — L'Association verra, d'après ses ressources, si elle peut leur assurer une retraite, et dans quelle mesure.

163. Le comité d'administration est assisté d'un personnel d'employés à appointements fixes, qui ne pourront être au-dessous de 1,200 fr., ni au-dessus de 1,800. — Le cadre de ce personnel sera déterminé par le projet définitif d'organisation ; mais on peut prévoir qu'il faudra un employé au secrétaire général, deux à l'ordonnateur des concerts, deux au gérant de l'édition, un au gérant du journal, et un au trésorier. — C'est donc un minimum de sept employés payés en moyenne à raison de 1,500 fr. — Ces employés seront choisis, nommés et révoqués par le comité d'administration.

§ XXXI. — *Des assemblées.*

164. Il y aura chaque mois une assemblée générale et trois réunions partielles. — Les réunions partielles ne sont pas obligatoires, le comité d'administration est seul tenu de s'y trouver toujours présent et au complet. Elles se tiennent au local de l'administration, le soir du jour où paraît le journal ; elles sont purement préparatoires et délibératives ; le comité reçoit les réclamations sur les travaux de la semaine ; de son côté il soumet les projets qu'il proposera en assemblée générale. C'est dans ces réunions qu'on propose et discute les candidatures ; mais on n'y prend aucune décision. Tout s'y passe en famille sans bureaux ni président.

165. L'assemblée générale est régulièrement tenue ; elle est présidée par le jury. Toute assemblée générale, pour être compétente, doit se composer des deux tiers au moins des membres résidants.

166. Le comité d'administration y présente ses rapports et ses propositions. — Il choisit les secrétaires parmi son personnel. — Tous les sociétaires ont la parole et en usent selon leur ordre d'inscription. — L'ordre du jour est publié au moins une semaine d'avance.

167. L'assemblée générale prononce sur toutes les questions d'administration et d'organisation. Elle seule peut modifier les statuts. — C'est dans l'assemblée générale que se font les élections, et que tous les mois on procède au remplacement du juré sortant.

§ XXXII. — *De l'élection.*

168. Tout sociétaire est électeur, excepté les cinq membres du comité d'administration, et nomme directement ses administrateurs et ses juges.

(1) Le comité d'administration devra nécesssairement être établi, au moins en partie, et fonctionner, avant l'organisation complète de l'Association. — Il sera donc impossible de le constituer par voie d'élection générale. — Les artistes qui prennent l'initiative dans le présent projet, nommeront donc provisoirement cinq administrateurs qui devront, lors de la première assemblée générale, soumettre à l'appréciation des sociétaires les mesures d'organisation administrative qu'ils auront arrêtées entre eux. Ces mesures seront modifiées s'il y a lieu. Après un an d'exercice, ils rendront compte de leur administration, et seront alors ou révoqués ou sanctionnés, soit collectivement, soit individuellement, par le vote général ; et, s'il y a lieu, on procédera au remplacement par le mode d'élection adopté. — Les sociétaires de province seront invités à proposer des candidats.

169. L'éligibilité est basée sur la capacité que chaque fonction réclame.

170. Toute candidature doit être préalablement appuyée par sept membres.

171. Les deux tiers, plus un, des membres incrits au registre général suffisent pour que les opérations électorales soient valables, mais il faut au moins ce chiffre.

172. La majorité relative décide ; mais aucun n'est élu s'il ne réunit au moins un dixième des voix inscrites au registre général.

173. Le vote est secret. Les membres résidants sont tenus de voter en personne ; le comité d'administration juge des cas d'empêchement. — Les membres correspondants adressent leur vote par la poste à la société dont le siège est le plus proche. — Le bulletin doit être cacheté et renfermé dans une lettre également cachetée, portant sur la suscription le nom de l'électeur, et qui ne doit être ouverte que dans la séance publique d'élection.

174. La liste des électeurs votant par cette voie sera close trois jours au moins avant celui de l'élection et affichée dans le local des opérations. Toute réclamation doit être présentée dans les vingt-quatre heures.

175. Le résultat du vote dans les sociétés affiliées sera adressé au secrétaire général, et devra lui parvenir la veille du jour fixé pour l'assemblée générale à Paris.

176. Dès que la séance est ouverte, tous les sociétaires viennent déposer leur vote, et leur nom est rayé de la liste. Les sociétaires votant par la poste sont représentés par le secrétaire général. Avant de clore la séance on fait l'appel des membres qui n'ont pas encore voté. Alors le scrutin est fermé et l'on procède au dépouillement. Le résultat général est proclamé séance tenante.

177. Les femmes sont, tant pour les réunions préparatoires que pour les assemblées générales, assimilées aux sociétaires correspondants, et sont représentées par le secrétaire général. Elles lui adressent leurs réclamations, leurs propositions et leurs votes. Le secrétaire leur répond dans le plus bref délai.

§ XXXIII. — *Sociétés affiliées.*

178. Les sociétés affiliées ou de province, n'étant pas provisoirement exécutives, n'ont besoin que d'une constitution propre aux travaux de délibération, d'élection et de correspondance.

179. Elles nomment un secrétaire chargé d'envoyer à la société centrale toutes les communications, et de recevoir toutes celles du secrétaire général.

180. Chacune selon ses ressources fonde une société de concerts dans lesquels elle exécute les œuvres de l'Association. — L'avenir seul peut montrer dans quelle mesure la société centrale leur prêtera un concours actif, mais il est permis d'espérer qu'on arrivera à une organisation complète pour tout le pays.

§ XXXIV. — *Dispositions générales.*

181. Tous les signes dont se sert l'Association rappellent les principes qu'elle professent. Ainsi tous les imprimés porteront en tête : 1° *République française* et la devise républicaine *Liberté, Egalité, Fraternité* ; 2° L'indication : *Association nationale des artistes musiciens,* et la devise : *Chacun pour tous, tous pour chacun et à chacun selon ses œuvres.* — Ces devises et indications se trouveront sur la carte qui sera délivrée à chaque sociétaire.

182. Les timbres du jury rappelleront également ces principes. Ainsi sur le cercle extérieur on lira : *Association des artistes musiciens,* et la devise : *A chacun selon ses œuvres.* — Dans le centre se trouvera le mot qui résume le jugement : *Admission, Encouragement* ou *Rejet.*

183. — On adopte pour le jury trois timbres qui se distingueront en outre par la couleur. Le timbre d'admission sera rouge, celui d'encouragement, vert ; celui du rejet, noir.

184. Quant au timbre de l'administration, on lira simplement sur le cercle : *Association des artistes musiciens.* — *Comité d'administration.* Ce timbre sera

bleu. — Le centre est composé de trois lignes mobiles, indiquant l'année, le mois et le quantième.

§ XXXV. — Du journal.

185. Le journal aura pour titre : *Moniteur de l'Association des artistes musiciens.* Ce titre, et ce qui a déjà été dit, chapitre II, § XVII, indiquent suffisamment quelle sera la tâche du journal.

186. Le journal se compose : 1° d'une partie officielle ; 2° d'une partie littéraire ; 3° d'une chronique.

187. Dans la partie officielle, le journal rend compte de tous les travaux de l'Association, ainsi qu'on l'a déjà indiqué en partie. Cette partie se divisera donc en rubriques permanentes rappelant les diverses natures de travaux, jusqu'à l'annonce des œuvres éditées. Les œuvres éditées par l'Association ne pourront être annoncées que dans son journal. Les concerts seront annoncés au moins quinze jours d'avance. L'ordre du jour des assemblées générales sera publié huit jours d'avance.

188. Partie littéraire. L'Association ne publie elle-même aucune appréciation critique, ni sur les œuvres qu'elle édite, ni sur les artistes, ni sur ses actes administratifs. Elle laisse à la presse le soin de la juger. Le journal devra donc passer la presse en revue et mentionner le blâme et les éloges dont les actes de l'Association, de quelque nature qu'ils soient, auront été l'objet. L'Association se refuse par ses principes à provoquer toute polémique ; son journal ne se livrera donc à aucune appréciation de ce qui pourra se faire ailleurs, et ne pourra que rapporter au besoin l'opinion de la presse sur les œuvres éditées ou exécutées en dehors de l'Association. Le journal ne peut que défendre les principes et les actes de l'Association là où ils seront attaqués, et devra même ici se maintenir dans les bornes de la réfutation. Le journal accueille les travaux de critique générale sur l'art et sur la musique en particulier, les notices et appréciations sur les musiciens morts. Enfin il publie des poésies susceptibles d'être mises en musique.

189. Chronique. Dans cette partie le journal mentionne tout ce qui peut intéresser l'association : publications musicales et littéraires, tant à l'étranger qu'en France.

190. Le journal n'accepte que des œuvres signées. Tout ce qu'il publie est rétribué à tant par colonne. Les correspondances de la province et de l'étranger sont également rétribuées. L'Association fixera ultérieurement une série de primes pour les poésies jusqu'à l'opéra.

191. Le journal ne trafique pas de sa publicité ; il refuse tout article payant, toute réclame, et même toute annonce. Il est moralement responsable de tout ce qu'il insère.

192. Il paraît une fois par semaine. L'étendue du numéro est déterminée par le plus ou moins d'abondance de matière. On adopte le format de revue. L'abonnement est fixé à 12 francs par an. Pour la province, il augmente en raison des frais de poste, sauf franchise. L'abonnement est la seule charge que les sociétaires peuvent avoir à supporter. Il est facultatif.

193. Au gérant du journal est confiée la garde des statuts de l'Association ; il doit en soutenir et en propager l'esprit ; il doit examiner les innovations que l'on propose, et les repousser si elles ne sont pas conformes aux principes fondamentaux. Il est chargé d'éclaircir tous les points douteux et de proposer les améliorations.

194. Il est chargé, en outre, de donner à l'Association toute l'extension dont elle est susceptible, conformément à ses principes. Il devra donc dès l'abord s'occuper de divers projets qui rentrent immédiatement dans l'objet de l'Association, mais qui ont dû être écartés pour le moment. Ces projets concernent :

1° L'admission de la musique théorique ;

2° Les concours de musique et de poésie lyrique ;

3° La création d'un théâtre lyrique ;

4° La fondation d'une caisse de secours et de retraite ;
5° L'édition de la bibliothèque classique et historique.

§ XXXVI. — *Article additionnel.*

195. Tel est, en résumé, le projet d'organisation que nous soumettons à l'appréciation des artistes. Ces statuts devront être, article par article, ainsi que dans leur ensemble, débattus en assemblée générale. La majorité devra approuver ou rejeter. Après trois ans d'exercice de l'Association, les sociétaires seront appelés à les réviser définitivement.

Auguste WACQUEZ.

Paris, 18 mai 1848.

APPEL

A TOUS LES ARTISTES MUSICIENS

COMPOSITEURS ET EXÉCUTANTS.

Nous ne sentons que trop combien est vaste le plan que nous venons de concevoir. Il embrasse à la fois l'avenir de l'art et de l'artiste, le progrès intellectuel et notre bien-être matériel ; de l'autre côté il réagit immédiatement sur l'éducation musicale de notre nation.

Devions-nous reculer devant les difficultés ? Non ; le but est trop noble, trop national, trop conforme au sacerdoce que l'artiste est appelé à exercer ; nous sommes trop profondément convaincus qu'en nous associant dans l'esprit qui nous anime, nous travaillons à la gloire et à la prospérité de notre pays.

Nous ne doutons nullement que tous ceux qui sont autant que nous pénétrés de la dignité de leur vocation comme artistes et comme citoyens n'applaudissent chaleureusement aux principes que nous professons. Nous espérons même que les musiciens n'applaudiront pas seuls à notre entreprise. Car on voit que nous ne recherchons pas notre bien-être par des voies égoïstes, par des principes qui ne seraient profitables qu'à nous et à notre seul art. On voit, au contraire, que ces principes sont ceux dont la nation entière attend sa prospérité future, et que le plan d'organisation auquel ils servent de base serait immédiatement applicable à tous les arts, bien plus à toutes les branches de production. C'est là sa première et sa meilleure garantie ; il est ainsi le premier acte par lequel nous voulons prouver que l'artiste n'est pas égoïste et indifférent comme on l'en accuse trop souvent, et qu'il ne sépare plus ses devoirs comme artiste de ses devoirs comme citoyen.

A l'œuvre donc, vous tous nos frères en vocation ! L'art est tombé si bas, les exploitations de boutique et de théâtres l'ont tellement avili que les artistes seuls peuvent le relever. Notre situation est si abjecte, nous sommes tellement à la merci des spéculateurs de tous degrés que nous seuls pouvons nous sauver. Le public a si peu de confiance dans ce que l'art peut produire encore que nous seuls pouvons réhabiliter l'art et l'artiste.

A l'œuvre donc et sans tarder, car du jour où la planche de salut nous est offerte, nous sommes comptables de tous les nouveaux coups portés à notre idéal ; nous sommes seuls coupables de toute l'indifférence, de tous les dédains dont on nous abreuve, seuls coupables de la misère et de l'obscurité qui nous accablent et où nous périssons.

Nous vous appelons tous, frères de Paris et de la province, vous surtout, frères de la province, vous les déshérités entre tous ; nous vous appelons, vous tous, qui, dans le fond de votre cœur, vénérez l'art et votre pays. Venez ; dites-nous si les voies que nous ouvrons sont artistiques, sont fraternelles ; si elles offrent à vos espérances un but digne de vos persévérantes études. — Venez tous; isolés, nous ne pouvons rien, mais aujourd'hui plus que jamais nous pouvons tout par l'association; unissons nos efforts ainsi que nos secrets désirs. Il ne s'agit plus aujourd'hui de se renfermer exclusivement dans la sphère de l'art, de s'y retirer comme dans une solitude d'où l'on regarde impassible le mouvement du monde extérieur. Il faut que chacun selon ses forces prenne part à ce mouvement; l'artiste ne peut plus, ne doit plus s'y soustraire, et il faut qu'il joigne sa part d'activité sociale à cette activité qui le pousse à creuser sans repos les mystères de son art. C'est là qu'est le moyen de salut.

Les membres du comité provisoire de fondation résidant à Paris :

Jules ARMINGAUD, de Bayonne; — Henri AUMONT, de Paris; — BAUMANN fils, de Lyon; — Adrien BÉROU, de Bordeaux; — Gustave COLLIGNON, de Rennes; — Hippolyte DAMOREAU-CINTI, de Paris; — Auguste FAUCHEUX, de Lille; — Edouard LALO, de Lille; — Victor MASSÉ, de Lorient; — Edmond MEMBRÉE, de Valenciennes; — Victor PAQUIS, de Metz; — Charles POISOT, de Dijon; — Henri VERLEY, de Bailleul;

Et Ferdinand LAVAINNE, premier membre correspondant, à Lille.

Nous allons continuer activement notre travail, et nous prions tous les artistes de province de nous communiquer leurs observations. La situation empirant de jour en jour, il serait à souhaiter que l'Association entrât en exercice dans quelques mois. A cet effet, il nous faut un organe spécial qui transmette aussitôt à tous les artistes disséminés sur tous les points du pays le résultat de nos délibérations, et les progrès de notre entreprise. — Il est donc de toute nécessité de commencer par la fondation immédiate du *Moniteur musical.*

M. Aug. Wacquez, auteur du présent projet de statuts, se charge provisoirement de cette correspondance par le journal. Il présentera aux réunions préparatoires les divers sujets de discussions, et rédigera le plan définitif, qui, ainsi élaboré par tous, devra être sanctionné en assemblée générale.

Nous joignons à la présente brochure deux imprimés destinés à recevoir les signatures :

1° de ceux qui, adhérant aux principes que nous avons formulés, acceptent notre projet d'organisation et désirent appuyer de leur nom la pétition à l'Etat;

2° de ceux qui, reconnaissant comme nous le besoin d'accélérer la marche de nos délibérations, d'appuyer notre entreprise sur un organe public, et de donner ainsi à notre voix toute la force nécessaire, sont disposés à coopérer par abonnements à la fondation immédiate du *Moniteur musical*, — et de ceux qui, par des souscriptions facultatives, désirent aider à répandre dans toute la France le présent projet d'organisation.

Les souscripteurs sont priés d'adresser le plus tôt possible le montant des souscriptions facultatives en un mandat sur la poste, *franco*, à M. Ed. LALO, rue Desèze, 2, à Paris. — Le montant des abonnements ne sera payable qu'à la réception du premier numéro, qui paraîtra aussitôt qu'on aura réuni un nombre suffisant d'abonnés. — Ce premier numéro contiendra, entre autres, des calculs approximatifs sur les frais de l'Association, son revenu par l'édition, et le produit de chaque œuvre en particulier.

Nous engageons les artistes de chaque localité à se réunir et à nous envoyer des listes collectives, tant d'adhésions que de souscriptions et d'abonnements. — Les communications ultérieures, jusqu'à la fondation du *Moniteur musical*, seront publiées par l'organe de *la Démocratie pacifique.*

Paris, 15 juin 1848.

TABLE.

CHAPITRE IV.

DE L'EXÉCUTION DES OEUVRES.

CHAPITRE V.

DE L'ÉDITION DES OEUVRES.

CHAPITRE VI.

APPEL AUX ARTISTES.

FIN DE LA TABLE.

www.ingramcontent.com/pod-product-compliance
Ingram Content Group UK Ltd.
Pitfield, Milton Keynes, MK11 3LW, UK
UKHW020129080726
13614UKWH00005B/2124